यूट्रीक्स

MOHABBAT-O-SHAFQAT

मुहम्मद आसिफ अली

Copyright © Muhammad Asif Ali
All Rights Reserved.

कवि - मुहम्मद आसिफ अली

पता - काशीपुर, उत्तराखंड, भारत

व्यक्तिगत वेबसाइट - authorasifkhan.blogspot.com

जन्मतिथि - 13 मार्च 2001

विवरण - मुहम्मद आसिफ अली एक भारतीय कवि, लेखक और उपन्यासकार हैं जो पेशे से एक वेब डिज़ाइनर भी हैं आसिफ यूट्रीक्स(Youtreex) फाउंडेशन के मुख्य कार्यकारी अधिकारी(CEO) और संथापक हैं जो भारत में एक कविता मंच है। साथ ही ये प्रिज़्मवेब टेक्नोलॉजीज के सह-संस्थापक और डिजिटल मार्केटिंग मैनेजर हैं।

क्रम-सूची

1. अगर है प्यार मुझसे तो बताना भी ज़रूरी है — 1

2. किसी का ग़म उठाना हाँ चुनौती है — 2

3. वफ़ा का बिल चुकाना भी नहीं आता — 3

4. फिर वही क़िस्सा सुनाना तो चाहिए — 5

5. ज़िन्दगी से मुझे गिला ही नहीं — 6

6. हाल है दिल का जो क्या बताएँ तुझे — 7

7. गँवाई ज़िंदगी जाकर बचानी चाहिए थी — 8

8. हिदायत के लिए मैं कुछ बताना चाहता हूँ सुन — 9

9. हवाओं की तरह तुझको चलना होगा — 10

10. दिल के समंदर को उठाने का वक़्त आया है — 11

11. उठाने के लिए तूफ़ाँ आया कहाँ से है — 12

12. कहाँ इक झूठ से रियासत चलती है — 13

13. सबकी रज़ा बता दे बताने वाले — 14

14. जलती हुई बस्ती को कोई बुझाने नहीं वाला — 15

15. हाथ खुद छुड़ाने से क्या होगा — 16

16. शेर-ओ-शायरी — 17

17. नज़्म - मैं मुसलमान हूँ (1) — 18

18. नज़्म - मैं मुसलमान हूँ (2) — 19

1. अगर है प्यार मुझसे तो बताना भी ज़रूरी है

अगर है प्यार मुझसे तो बताना भी ज़रूरी है
दिया है हुस्न मौला ने दिखाना भी ज़रूरी है
इशारा तो करो मुझको कभी अपनी निगाहों से
अगर है इश्क़ मुझसे तो जताना भी ज़रूरी है
अगर कर ले सभी ये काम झगड़ा हो नहीं सकता
ख़ता कोई नज़र आए छुपाना भी ज़रूरी है
अगर टूटे कभी रिश्ता तुम्हारी हरकतों से जब
पड़े कदमों में जाकर फिर मनाना भी ज़रूरी है
कभी मज़लूम आ जाए तुम्हारे सामने तो फिर
उसे अब पेट भर कर के खिलाना भी ज़रूरी है
अगर रोता नज़र आए कभी मस्जिद या मंदिर में
बड़े ही प्यार से उसको हँसाना भी ज़रूरी है

2. किसी का ग़म उठाना हाँ चुनौती है चुनौती है

किसी का ग़म उठाना हाँ चुनौती है
किसी को अब हँसाना हाँ चुनौती है
अड़ा है इस सज़ा के सामने सच भी
मगर हरकत बताना हाँ चुनौती है
तू ने बेची हज़ारों ज़िंदगी हो पर
तुझे झूठा फँसाना हाँ चुनौती है
सर-ए-बाज़ार तुझको मैं झुकाऊँगा
यहाँ तुझको झुकाना हाँ चुनौती है
नज़र से तो तेरी कोई बचा ही क्या
यहाँ कुछ भी छिपाना हाँ चुनौती है
अना तेरी यहाँ सब को सज़ा देगी
तेरी आदत हटाना हाँ चुनौती है
बता क्या क्या सभी को बोलना है अब
वहाँ उनको बताना हाँ चुनौती है
बुना है ख़ुद पिटारा साँप का उसने
नशा उसका मिटाना हाँ चुनौती है
कि तेरे सामने 'आसिफ़' ज़माना है
यहाँ उसको सताना हाँ चुनौती है

3. वफ़ा का बिल चुकाना भी नहीं आता

वफ़ा का बिल चुकाना भी नहीं आता
ख़फ़ा से दिल लगाना भी नहीं आता

दिया था घाव तूने ख़ास जिस दिल पर
निशाँ उसका दिखाना भी नहीं आता

मकाँ अच्छा नहीं था पर बना मेरा
ज़माने को भगाना भी नहीं आता

मिला कैसे तुझे हर फ़न बता मुझको
मुझसे सुनना सुनाना भी नहीं आता

ज़मीं पर बैठकर अच्छा हँसाते थे
मगर अब ग़म उठाना भी नहीं आता

बदलते आज की ख़ातिर बदलते हम
सदी में सन बढ़ाना भी नहीं आता

जिसे तुम क़त्ल करने रोज जाते हो
हमें उसको बचाना भी नहीं आता

ख़िज़ाँ के ज़ख़्म भरते भी नहीं जल्दी
हमें मरहम लगाना भी नहीं आता

किसे हमको बचाना है बता दो तुम
दवा सबको खिलाना भी नहीं आता

किनारे पे समंदर के रवाँ लहरें
बिखरता दिल उठाना भी नहीं आता

सदाएँ गूँजती आमान में तेरी
हमें क़िस्सा सुनाना भी नहीं आता
बता 'आसिफ़' हमारी शायरी का तुक
लिखा मक़्ता' मिटाना भी नहीं आता

4. फिर वही क़िस्सा सुनाना तो चाहिए

फिर वही क़िस्सा सुनाना तो चाहिए

फिर वही सपना सजाना तो चाहिए

यूँ मशक़्क़त इश्क़ में करनी चाहिए

जाम नज़रों से पिलाना तो चाहिए

अब ख़ता करने जहाँ जाना चाहिए

अब पता उसका बताना तो चाहिए

दिल जगाकर नींद में ख़्वाबों को सुला

ये जहाँ अपना बनाना तो चाहिए

दिन निकलते ही जगाते हो तुम किसे

शाम को आ कर बताना तो चाहिए

रोकती है गर नुमाइश थकने से तब

इस अता से घर बनाना तो चाहिए

आपबीती, आदतन या बीमार है

दर्द कितना है बताना तो चाहिए

आसमाँ से गुफ़्तुगू होती ही नहीं

लड़ झगड़ने को ज़माना तो चाहिए

5. ज़िन्दगी से मुझे गिला ही नहीं

ही नहीं

ज़िन्दगी से मुझे गिला ही नहीं
रोग ऐसा लगा दवा ही नहीं
क्या करूँ ज़िन्दगी का बिन तेरे
साँस लेने में अब मज़ा ही नहीं
दोष भँवरों पे सब लगाएंगें
फूल गुलशन में जब खिला ही नहीं
कौन किसको मिले ख़ुदा जाने
मेरा होकर भी तू मिला ही नहीं
मेरी आँखों में एक दरिया था
तेरे जाने पे वो रुका ही नहीं

6. हाल है दिल का जो क्या बताएँ तुझे

हाल है दिल का जो क्या बताएँ तुझे

शाम में भी फ़ना की तरह हम जिए

आज रुख़्सत तिरे साथ की रात है

चल पड़े आज तन्हा फ़ज़ा हम लिए

दूर होने लगा ये नशा और भी

चल पड़े आज ख़्वाब-ए-सहर हम लिए

रास्ता हो यहाँ और साहिल वहाँ

फिर चलेंगे रवा में असर हम लिए

बात करने जहाँ आज 'आसिफ़' मिले

हाल लेकर चले कुछ पहर हम लिए

7. गॅंवाई ज़िंदगी जाकर बचानी चाहिए थी

गॅंवाई ज़िंदगी जाकर बचानी चाहिए थी
बुढ़ापे के लिए मुझको जवानी चाहिए थी
समंदर भी यहाँ तूफ़ान से डरता नहीं अब
फ़ज़ाओं में सताने को रवानी चाहिए थी
नज़ाकत से नज़ाकत को हरा सकते नहीं हैं
दिखावट भी दिखावे से दिखानी चाहिए थी
बचाना था अगर ख़ुद को ज़माने की जज़ा से
ख़ला में ज़िंदगी तुझको बितानी चाहिए थी
लगा दो आग हाकिम को जला डालो ज़बाँ से
यही आवाज़ पहले ही उठानी चाहिए थी
हुक़ूमत चार दिन की है, अना किस काम की फिर
तुझे 'आसिफ़' सख़ावत भी दिखानी चाहिए थी

8. हिदायत के लिए मैं कुछ बताना चाहता हूँ सुन

हिदायत के लिए मैं कुछ बताना चाहता हूँ सुन
निज़ामत के लिए मैं कुछ सुनाना चाहता हूँ सुन
पड़ेगी ख़ाक मुँह पर और दामन चीख़ जाएगा
नज़ाकत के लिए मैं कुछ दिखाना चाहता हूँ सुन
सज़ा दौर-ए-फ़लक की झेलना बस में नहीं तेरे
ख़यानत के लिए मैं कुछ जताना चाहता हूँ सुन
ज़मीं का रंज भी बर्बाद करना जानता है अब
'अदावत के लिए मैं कुछ दयाना चाहता हूँ सुन
निशाँ यूँ ज़ख़्म का दे दूँ भला कैसे तुझे मैं अब
फ़ज़ाओं के लिए मैं कुछ ख़ज़ाना चाहता हूँ सुन
सख़ावत भी दिखानी चाहिए 'आसिफ़' कभी तुझको
ज़माने के लिए मैं कुछ ज़माना चाहता हूँ सुन

9. हवाओं की तरह तुझको चलना होगा

हवाओं की तरह तुझको चलना होगा
मुसीबत के तले तुझको पलना होगा
हमारा घर सबा अँधेरे में हैं फिर
चराग़ों की तरह तुझको जलना होगा
हुकूमत ने दिया था जो, मरहम न था
हमारा ज़ख़्म अब तुझको भरना होगा
ख़िलाफ़त अब कहीं जाने न देनी है
सख़ावत के लिए तुझको लड़ना होगा
जलाने पर लगा है जो, उससे कह दो
हमारी आग से तुझको बचना होगा
आवारा जानवर गर हाकिम है तेरा
फ़सादी शख़्स से तुझको डरना होगा

10. दिल के समंदर को उठाने का वक़्त आया है

दिल के समंदर को उठाने का वक़्त आया है
अपने मसाइल को बताने का वक़्त आया है
हमको सिखाना है कि जब कू-ए-यार में हो तो
फिर से मोहब्बत को लुटाने का वक़्त आया है
ग़म जो तेरी चौखट तले जब आने लगेगा तो
फिर से गरीबों को मनाने का वक़्त आया है
जब दिल किसी साक़ी से उलझे तो समझ जाना
शरबत फ़क़ीरों को पिलाने का वक़्त आया है
चालान काटा साब ने कपड़ा देखकर तेरा
तूफ़ान हाथों से उठाने का वक़्त आया है
'आसिफ़' कमाना सीख लो कोई साथ नहीं देगा
मंज़िल गरीबों की गिराने का वक़्त आया है

11. उठाने के लिए तूफ़ाँ आया कहाँ से है

उठाने के लिए तूफ़ाँ आया कहाँ से है
लुटाने के लिए रिश्वत लाया कहाँ से है
तू घर उजाड़ता फिरता है आबिदों के सब
जलाने के लिए बस्ती आया कहाँ से है
नफ़ा' तुझको बता कितना अब चाहिए शौकत
लुटाने के लिए नफरत आया कहाँ से है
तेरा लालच मिटाने को क्या चाहिए आख़िर
मचाने के लिए आफ़त आया कहाँ से है
सर-ए-बाज़ार बच के जाना है तुझसे
सुनाने के लिए मर्ज़ी आया कहाँ से है
उजाड़े बाग़ जैसे दिल और उसमें आतिश
लगाने के लिए माचिस लाया कहाँ से है

12. कहाँ इक झूठ से रियासत चलती है

कहाँ इक झूठ से रियासत चलती है
हसद की गार में सियासत पलती है
जहाँ हाकिम चलाने लग जाए अपनी
वहाँ फिर दर्द की तिजारत चलती है
ज़माने ने अगर हुक़ूमत को रोका
लताड़े से यहाँ फिर फ़िरासत चलती है

13. सबकी रज़ा बता दे बताने वाले

सबकी रज़ा बता दे बताने वाले
दिल मोम का बना दे बनाने वाले
हम और कुछ नहीं चाहते हैं तुझसे
आँखों चुना दिखा दे दिखाने वाले
जो भी किया हमारे लिए तूने सब
उसका निशाँ दिखा दे दिखाने वाले
हसरत यही रहेगी सदा जीते जी
अरमान सब जगा दे जगाने वाले
हम कारवाँ बनाकर सफ़र भी करते
सबकी रज़ा मिला दे मिलाने वाले
छेड़े अगर तिरी शान को तो उसका
नाम-ओ-निशाँ मिटा दे मिटाने वाले

14. जलती हुई बस्ती को कोई बुझाने नहीं वाला

जलती हुई बस्ती को कोई बुझाने नहीं वाला
ढहती हुई मिट्टी को कोई उठाने नहीं वाला

अपने परों से उड़ना है अब तुझे आसमानों में
सहमे हुए दिल को कोई भी सजाने नहीं वाला

नाकाम होकर भी उसने दाग़ मुझ पर लगा डाला
बढ़ती 'अदावत को कोई भी घटाने नहीं वाला

आओ उसे भी उसका बदला दिलाते हुए जाएँ
हक़ तो हुकूमत से यूँ कोई जताने नहीं वाला

अपनी रज़ामंदी या अपनी ख़ुशी चाहिए सबको
इक दूसरे की अब कोई भी चलाने नहीं वाला

हर घाव तेरा, रंजिश तेरी हुकूमत हिलाती है
यूँ सामने तेरे हाकिम भी चलाने नहीं वाला

आराम करना है तो अब सोचना ही पड़ेगा कुछ
यूँ बैठकर तो 'आसिफ़' कोई खिलाने नहीं वाला

15. हाथ खुद छुड़ाने से क्या होगा

हाथ खुद छुड़ाने से क्या होगा
दूर उससे जाने से क्या होगा
तोड़ना है तो फिर महल तोड़ो तुम
बस्तियाँ गिराने से क्या होगा
लोग टूट जाते हैं लुटा कर घर
दर्द बस जताने से क्या होगा
ख़ासकर ग़रीबी ही परेशाँ है
आस भी लगाने से क्या होगा
बह गई सियासत सख़्त पानी में
हुक्म भी चलाने से क्या होगा

16. शेर-ओ-शायरी

"गँवाई ज़िंदगी जाकर बचानी चाहिए थी
बुढ़ापे के लिए मुझको जवानी चाहिए थी"

"यूँ मोहब्बत में निखरता है कहाँ दीवाना
शख़्स हर कोई वफ़ा पाकर बिखर जाता है"

"तुम आवाज़ हो मेरी इक संसार हो मेरा
मैं भटका परिंदा हूँ तुम हंजार हो मेरा"

"नज़ाकत से नज़ाकत को हरा सकते नहीं हैं
दिखावट भी दिखावे से दिखानी चाहिए थी"

17. नज़्म - मैं मुसलमान हूँ (1)

मैं एक फ़रमान हूँ
तेरे लिए अहकाम हूँ
तुझ से कैसे डरूँ तू बता
मैं मुसलमान हूँ
तेरी हसरत नहीं होगी पूरी
तेरी तमन्ना रह जाएगी अधूरी
मैं जोड़ता इसमें ईमान हूँ
मैं मुसलमान हूँ
वहाँ पे तू बे-ज़बान होगा
बुरा तेरा अंजाम होगा
चार दिन की हुकूमत पे इतना नशा
मैं तो सदियों से सुल्तान हूँ
मैं मुसलमान हूँ
अपनी हरकत से किसी को न सता
सच्चाई जा कर अपनी सबको बता
बैठकर कुर्सी पे क्यों इतराता है तू
मैं तो दोनों जहाँ की जान हूँ
मैं मुसलमान हूँ

18. नज़्म - मैं मुसलमान हूँ (2)

तेरी अच्छाई जंग खाने लगी
तेरी बुराई शर्माने लगी
आजा लग जा तू मेरे गले
मैं तेरा ईमान हूँ
मैं मुसलमान हूँ
तू न होगा कभी कामयाब
बताएगा अगर ख़ुद को साहब
आजा तू भी उसकी पनाह में
जिसका मैं भी ग़ुलाम हूँ
मैं मुसलमान हूँ
तेरी सोच बिल्कुल छोटी है
तेरे गुनाहों की पोटली मोटी है
कर ले तू भी उस रब से तौबा
जिसका मैं भी मेहमान हूँ
मैं मुसलमान हूँ
छोटों पर ज़ुल्म ढाता है तू
बे-ईमानी की खाता है तू
कर ले तू भी उससे मोहब्बत
जिसके सदके मैं भी इंसान हूँ
मैं मुसलमान हूँ